Le mot « gastronomie » a été créé en 1801 par Joseph Berchoux, poète et humoriste français. Étymologiquement, « gastro » signifie « estomac » et « nomos » « règle » ; la gastronomie, c'est l'ensemble des règles qui définissent l'art de faire bonne cuisine et de bien manger ensemble.

La France est le premier pays à avoir vu sa gastronomie classée au patrimoine culturel immatériel de l'Humanité, en 2010 ; ou plus exactement « le repas gastronomique des français ». Selon les experts de l'UNESCO, la cuisine française renforce l'identité collective du pays et contribue à la diversité culturelle du monde. En 2013, la cuisine traditionnelle mexicaine, le régime méditerranéen, et le washoku (le menu japonais du Nouvel An) ont aussi été ajoutés.

La consommation de sucre dans le monde a littéralement explosé : +46% sur les 30 dernières années. Les lobbies du sucre, qui dépensent massivement pour influencer les pouvoirs publics à leur avantage, ne sont pas innocents dans cette situation.

Tout a commencé en 1964 quand la fondation pour la recherche sur le sucre a payé des scientifiques pour qu'ils affirment que ce sont les acides gras saturés (et non le sucre) qui augmentent les risques de maladies cardiaques ; de multiples études ont aujourd'hui prouvé le rôle du sucre.

Depuis, les lobbies du sucre sont très actifs : plus de 20 millions d'euros chaque année en Europe pour peser sur les décisions de la Commission européenne, entre 30 and 50 million de dollars aux États-Unis.

Toutes les huiles alimentaires ne restent pas stables aux mêmes températures. Au-delà d'un certain seuil (le point de fumée), elles brûlent, se décomposent et se dénaturent, et se faisant dégagent des substances toxiques parfois cancérigènes. Par exemple, l'huile de palme brûle à 240°C, l'huile d'olive extra vierge à 191°C, le beurre à 177°C, et l'huile de lin à 107°C.

Les huiles raffinées, aux saveurs neutres et aux bienfaits nutritionnels limités, ont un point de fumée plus élevé que les vierges.

Sont donc à privilégier pour la friture les huiles avec un point de fumée élevé capables d'endurer de hautes températures et permettant d'obtenir des aliments croustillants. Les huiles extra vierges sont recommandées crues en assaisonnement.

En moyenne, les français consacrent environ 15% de leurs revenus aux dépenses alimentaires à domicile. C'est moitié moins que dans les années 1950.

Selon la loi d'Engel, la part du revenu allouée à l'alimentation est d'autant plus faible que le revenu est élevé. Cela se vérifie en France puisque les 10% des ménages ayant le niveau de vie le plus faible consacrent 18% de leur budget à l'alimentation, alors que pour les 10% au niveau de vie le plus élevé cette part est d'environ 14%.

On constate également cette corrélation à l'échelle des pays, la Suisse et les États-Unis allouant seulement 6% de leurs revenus à l'alimentation à la maison (10% au total alimentation dont hors domicile) alors que c'est près de 50% au Pakistan.

Le terme microbiote désigne l'ensemble des bactéries, microchampignons et virus qui cohabitent avec l'homme. C'est dans le tube digestif que l'on en trouve le plus grand nombre : plus de 10 milliards sont situées dans le côlon. S'il existe plusieurs centaines d'espèces différentes, les deux groupes dominants sont les firmicutes et les bactéroïdes.

Le microbiote intestinal (ou flore intestinale) permet de dégrader les composés alimentaires que l'homme ne peut digérer — notamment l'amidon, les fibres végétales, et certaines vitamines. Considéré comme notre deuxième cerveau, il est unique à chacun. Par ailleurs, sa population bactérienne évolue au cours de la vie en fonction du type d'alimentation et de l'antibiothérapie.

En dehors des banquets d'exception, les Romains ne faisaient qu'un vrai repas complet par jour – le diner – qui était pris vers 15h. Le petit-déjeuner consistait en de l'eau et un peu de pain, et le déjeuner était facultatif. Les repas étaient à l'époque un lieu de grandes négociations.

Les 3 repas à heures fixes sont apparus avec l'essor du Fordisme au début du XXème siècle : les ouvriers devaient respecter des horaires précis avec une seule pause à 12h, et il était interdit de manger sur la chaîne de production. Ils mangeaient donc avant le travail, à midi pile et après le travail en rentrant chez eux.

De nos jours, ces repas à heures fixes s'estompent dans de nombreux pays même s'ils restent encore la norme.

L'histoire du foie-gras commence en Égypte ancienne il y a plus de 4500 ans avec l'invention de la technique de gavage sur des oiseaux afin de les engraisser. La consommation de foie gras au sens où on l'entend aujourd'hui a commencé dans la Rome antique, dans le sud-ouest de la Gaule, où les Romains le perfectionnent.

La France est aujourd'hui le plus grand pays producteur (75% des 25 000 tonnes produites dans le monde) et consommateur de foie gras (660g par ménage par an).

Du fait des controverses sur le gavage des animaux, plusieurs associations militant pour le bien-être animal font pression ; plusieurs pays ont ainsi promulgué des lois contre la production et/ou la commercialisation de foie gras.

Le jeûne était un outil de rééquilibrage du corps avant notre ère, et a été encouragé dès le Ier siècle avant Jésus-Christ. Cette pratique ne commence à être considérée comme excessive que dans les années 1600. Aujourd'hui, il est pratiqué pour des raisons religieuses, rituelles, éthiques ou de santé. De nombreux spécialistes ont en effet montré ses vertus pour l'organisme, notamment détoxifiantes et thérapeutiques.

Il en existe deux grands types : le jeûne intermittent est un jeûne court, discontinu, avec une certaine fréquence ; les plus connus sont le 16/8 (16h de jeûne chaque jour) et le 5/2 (2 jours par semaine). Le jeûne continu est plus long mais épisodique (par exemple pendant une semaine deux fois par an).

Ce qui donne leur couleur aux fruits et légumes est leur teneur en pigments :

- La chlorophylle apporte une couleur verte (basilic, chou).
- Le carotène (famille des caroténoïdes) donne une couleur rouge, orange ou jaune (carotte).
- Les flavonoïdes donnent une teinte jaune lors d'une cuisson à l'eau (épinards).
- Les anthocyanes apportent une coloration violète, bleue ou rouge selon le niveau de PH (betterave, chou rouge, raisin).

Ces pigments naturels, qui font partie de la famille des polyphénols, ont des effets antioxydants. Il perdent leurs propriétés au contact de la chaleur et de l'air.

Dans bien des pays et dans la langue anglaise, on emploie le mot italien « pasta » pour désigner les pâtes alimentaires. Pourtant, le mot « spaghetti » vient de l'arabe et signifie « fil » ou « ficelle ».

Les Arabes sont d'ailleurs les premiers à avoir l'idée de pendre les nouilles sur des cordes à linge pour les faire sécher et ainsi pouvoir les conserver plus longtemps. Cette technique a été introduite en Italie lors de la conquête de la Sicile par les Arabes, ce qui a ensuite permis leur diffusion en Europe.

Aujourd'hui, il n'existe pas moins de 350 formes de pates différentes dans le monde : Linguine, Farfalle, Fusilli, Fettuccine…

Les « vraies » pâtes, depuis 1547, sont faites à partir de 3 uniques ingrédients : farine de blé dure, de sel et d'eau.

Le Bangladesh est le pays où les habitants consomment le moins de viande par habitant au monde : environ 4kg par an. Viennent ensuite l'Inde, le Burundi, le Sri Lanka, et des pays d'Afrique.

A l'autre extrémité se trouve les États-Unis avec plus de 100kg de viande par an et par personne, soit près de 30 fois plus ! Le Koweït et l'Australie complètent le podium des plus gros carnivores. Les français en mangent en moyenne 85kg par an, ce qui est similaire à ses voisins d'Europe occidentale (entre 80 et 90kg de viande par personne et par an).

La consommation globale moyenne est de 45kg — le porc étant la viande la plus populaire et le poulet celle dont la croissance est la plus rapide.

815 millions de personnes ont faim à l'échelle mondiale, et 9 millions de personnes décèdent chaque année à cause de la malnutrition (dont 3 millions d'enfants de moins de 5 ans). Or aujourd'hui, plus de la moitié de la production d'orge, de millet, d'avoine et de maïs sert à nourrir le bétail.

Si ces décès ont principalement lieu dans les pays touchés d'une extrême pauvreté, la totalité des pays du globe sont confrontés à une forme de malnutrition – qu'il s'agisse de retard de croissance chez l'enfant, d'anémie chez la femme en âge de procréer ou de surpoids chez l'adulte.

Dans le monde, 2 milliards de personnes souffrent de carences en micronutriments essentiels, comme le fer, la vitamine A ou l'iode.

La classification botanique des fruits et légumes dépend de leur partie comestible :

- Légumes racines : carotte, céleri-rave, navet, radis.
- Tubercules : pomme de terre
- Légumes bulbes : fenouil, oignon, ail, échalote, poireau, céleri branche.
- Légumes feuilles : salade, épinard, blette, chou blanc, vert, rouge.
- Légumes inflorescence : brocoli, chou-fleur, chou de Bruxelles, artichaut.
- Fruits légumiers : concombre, tomate, poivron, courge, courgette, aubergine, cornichon, potiron.
- Gousses : haricot vert, petit pois.
- Rhizomes : topinambour, asperge.

Les protéines aident à construire, réparer et entretenir nos muscles. L'organisme ne pouvant pas les stocker, elles doivent être consommées régulièrement – via les plantes et/ou les animaux.

Elles doivent représenter entre 10 et 15% des apports alimentaires journaliers, autrement dit 0,8g de protéine par kilo de poids corporel. Cela représente donc 60g de protéines par jour, pour un homme de 75kg (l'équivalent de 240g de steak), et 40g de protéines pour une femme de 50kg (l'équivalent de 160g de steak).

De nos jours, dans les pays occidentaux, les protéines consommées proviennent pour les deux tiers des animaux (viandes, poissons, crustacés, œufs) et pour un tiers des végétaux (céréales, légumineuses, soja).

Le végétarisme débute entre -600 et -500 dans la vallée de l'Indus, même si à l'époque le mot n'existe pas. La raison de cet essor s'appuie sur le développement d'une religion fondée sur la non-violence envers l'ensemble des êtres vivants – une forme précoce d'hindouisme.

L'hindouisme est aujourd'hui la troisième religion la plus pratiquée au monde avec 850 millions d'adaptes ; l'hindouisme interdit en effet de consommer tout animal en raison de la réincarnation qui pourrait faire de nous des cannibales.

D'autres religions considèrent également qu'aucune vie ne devrait être détruite volontairement pour une gratification humaine : c'est le cas du bouddhisme, du sikhisme, ou encore du jaïnisme.

D'où vient cette superstition qui dit que mettre le pain à l'envers porte malheur ?

Au temps de la peine de mort, dans le village où habitait un bourreau, le boulanger lui gardait son pain pour qu'il puisse se nourrir quelle que soit l'heure où il serait disponible. Pour marquer la réservation, le boulanger lui mettait à l'envers, ce qui n'échappait pas aux yeux des clients. De peur de s'attirer le mauvais œil, ces derniers évitaient alors de le toucher. C'est ainsi que tout naturellement, le pain retourné fut associé à la mort ou du moins, au malheur.

Si cette superstition est 100% française, d'autres existent sur le pain dans le monde. Par exemple aux États-Unis, où l'on dit que placer du pain et du café sous la maison protège des fantômes et des démons.

A partir des années 1930, les premiers aliments surgelés (du poisson) apparaissent dans le commerce. La surgélation est une congélation industrielle qui utilise des températures extrêmement basses afin de refroidir l'aliment à cœur très rapidement. Ainsi, outre une conservation très longue, la plupart des qualités nutritionnelles sont préservées, notamment si l'aliment est bien emballé et sur un temps de stockage court.

La congélation domestique bloque aussi le développement microbien et permet donc un allongement de la durée de vie des produits. Toutefois, leur température baisse lentement, ce qui ne garantit pas la même sécurité sanitaire et provoque des cristaux qui brisent les cellules des aliments vidant celles-ci de leur contenu à la décongélation.

La première mise en garde contre le sucre est apparue en 1709 par le médecin français Philippe Hecquet.

Aujourd'hui, un français consomme en moyenne 35kg de sucre par an, ce qui correspond à près de 100g par jour. C'est moins qu'aux États-Unis (46kg/an, 126g/jour) et en ligne avec l'Allemagne (37kg/an, 101g/jour) l'Australie (35kg/an, 95g/jour) et l'Angleterre (34kg/an, 93g/jour), mais bien plus qu'en Inde (18,5kg/an, 50g/jour).

L'OMS (organisation mondiale de la santé) estime que le sucre ne devrait pas dépasser 10% de notre apport énergétique total quotidien, ce qui représente environ 22g de sucre par jour et par personne (9kg/an). L'idéal recommandé par l'OMS est même de 5% − soit environ 11g quotidiennement.

Les premiers hôtels font leur apparition en Grèce à partir du IVème siècle avant notre ère. Ils permettent ainsi aux citoyens de ne plus avoir à assurer l'hospitalité aux étrangers. Ces hôtels, au confort sommaire, servent également de tavernes. Le mot « hôtel » apparait en Europe à partir du XIIème siècle et ce n'est qu'à partir du XIVème siècle qu'ils commencent à proposer des chambres individuelles fermant à clé.

Le terme « restaurant », qui désigne d'abord un bouillon épais, est ensuite donné aux lieux où on les sert. Les premiers restaurants, apparus à Paris dans les années 1780, sont des auberges pour les riches. L'un d'entre eux, « Le Procope », devient vite une institution. Le palace a été créé dans les années 1890 par César Ritz.

Chez les nobles, à partir des années 1740, un repas ne vise plus qu'à satisfaire des besoins (être rassasié) mais la gourmandise. Au XIXème siècle apparait en France une distinction entre gourmandise (considérée comme qualité) et goinfrerie (défaut).

De nos jours, l'alimentation devenue désir n'est pas satisfaisante sans cette dimension « plaisir » et un épanouissement sur le plan des émotions et des sensations.

Toutefois, certaines doctrines considèrent la gourmandise comme un défaut. Dans les religions abrahamiques, la gourmandise est opposée aux enseignements de modération. Dans la religion chrétienne, la gourmandise est l'un des sept péchés capitaux. Le premier principe de la diététique grecque et de la médecine chinoise est la modération.

En 1538, l'explorateur espagnol Piedro Cieza de Leon découvrit la pomme de terre au Pérou, où elle était appelée « papas ». Arrivée en Europe vers 1570 – d'abord en Espagne sous le nom de « patata », puis en Italie où on l'appelle « taratouffli » – elle ne devient populaire que 30 ans plus tard.

Il existe 500 variétés de patates, dont seules 80 sont cultivées commercialement. On peut les classer en 4 catégories :

- Les peaux colorées : Roseval, Vitelotte, Dalida, Bleue d'Auvergne.
- Les toutes colorées : bleue d'Artois, rouge des Flandres.
- Les anciennes : Bintje, Belle de Fontenay, Ratte.
- Les nouvelles : Anoé, Chérie, Pompadour, Charlotte, Juliette.

Lorsque la lame d'un couteau tranche un oignon, une enzyme contenue dans l'oignon (l'alliinase) est libérée. Au contact de l'air, cela entraîne la formation d'un composé soufré volatile lacrymogène. Lorsque ce gaz entre en contact avec le liquide qui protège nos yeux des poussières, il se dissout ; cela entraîne la formation d'acide sulfurique particulièrement irritant, à l'origine de la démangeaison. Les larmes sont produites abondamment pour rincer les yeux.

Placer l'oignon sous un filet d'eau lors de la découpe stoppe la diffusion du gaz puisqu'il est dissous par l'eau. Une autre astuce est de couper l'oignon dans un sachet en plastique, qui va stopper les enzymes libérées dans l'air, ou bien de se protéger les yeux avec des lunettes de plongée.

Le mot « soda » désigne la soude, en anglais, et renvoie au carbonate de soude qui permet d'obtenir du gaz carbonique. C'est une boisson gazeuse contenant, selon les cas, des extraits de fruits, du sucre, des additifs (arômes, colorants, conservateurs, acides benzoïque et ascorbique...).

Le premier soda a été créé en 1793 par un horloger (Johann Jacob Schweppe) : l'eau de Schweppe. Elle est alors destinée à un usage médical et prescrite pour soigner maux de reins et de vésicule, indigestions et goutte. Le terme « soda water » n'est utilisé qu'à partir de 1798.

Le trio de tête actuel des ventes de soda ? Le Mexique (147 litres par habitant), le Chili (144 litres) et les États-Unis (126 litres). Les français en consomment 51 litres par an.

L'IMC (Indice de Masse Corporelle) a été inventé en 1858 par un mathématicien et statisticien belge dans le but de mesurer la « normalité » du poids. Il se calcule simplement en divisant le poids (en kg) par le carré de la taille (en mètres). Un IMC normal se situe entre 18,5 et 25. En-dessous de 18,5 on parle d'anorexie, au-delà de 25 de surpoids, de 30 d'obésité et de 40 d'obésité morbide.

D'autres méthodes existent pour déterminer le poids idéal, comme par exemple la formule de Lorentz qui définit le poids idéal en fonction du sexe :

Hommes : Taille − 100 − [(taille − 150)/4]

Femmes : Taille − 100 − [(taille − 150)/2,5]

(taille en centimètres)

Le phosphate, avec l'azote et le potassium, est l'un des éléments indispensables à la croissance végétale. Issu du phosphore, cette substance naturelle minérale est aujourd'hui principalement utilisée comme engrais naturel ou chimique.

On a commencé à utiliser le phosphate pour nourrir les sols au milieu du XIXème siècle afin d'augmenter les productions de céréales, et ainsi éviter les famines. La première usine d'engrais azotés et potassiques ouvre en 1838 à Valenciennes.

De nos jours, l'utilisation massive d'engrais a des conséquences importantes sur l'environnement et sur la santé : pollution de l'air et des rivières, appauvrissement des sols, érosion, prolifération des algues vertes, réchauffement climatique.

La pizza Margherita a été inventée en 1889 par Raffaele Esposito en l'honneur de la reine d'Italie Marguerite de Savoie. Il s'agissait d'une pizza avec des tomates, de la mozzarella et du basilic : une pizza aux couleurs de l'Italie.

Aujourd'hui, près de 30 milliards de pizzas sont consommées dans le monde chaque année. Les États-Unis en sont le plus grand consommateur et représente 10% de la consommation mondiale.

La pizza la plus chère au monde se trouve d'ailleurs aux États-Unis, dans un restaurant New-Yorkais. Elle est composée de 4 sortes de caviar, de queue de homard, d'œufs de saumon, de wasabi et de crème fraiche… Et elle est vendue 1000$US !

Les arômes naturels peuvent être produits grâce à différentes techniques, utilisées seules ou combinées en fonction du résultat escompté :

- Concentration : élimination de l'eau pour obtenir un produit déshydraté ou un concentré aqueux (concentré d'orange).
- Distillation : séparation de mélanges par évaporation puis condensation (huile essentielle).
- Extraction : séparation chimique d'un composé grâce à un solvant.
- Macération.
- Infusion (extraction à chaud).

Qu'elle que soit la technique utilisée, la concentration des arômes concentre, dans le même temps, les polluants.

En France, on consomme environ 250g de légumes par personne et par jour. Les plus consommés sont les tomates, les carottes, la salade verte et les haricots verts. La majorité est achetée sous forme de conserves, puis en format surgelé, enfin seulement les produits frais.

La consommation journalière de fruits est quant à elle d'environ 200g par personne. Les pommes, les bananes et les oranges sont les fruits les plus consommés, principalement sous forme de compotes et de jus. Les fruits frais crus sont en revanche relativement peu consommés.

Ce sont pourtant les fruits et légumes frais qui apportent le plus de nutriments à notre organisme.

Le principe de monter les blancs d'œufs en neige a été inventé au VIème siècle par le médecin byzantin Anthime. Cette invention est mentionnée dans son livre « De observatione ciborum », un traité de diététique dans lequel se trouvent de nombreuses recettes de cuisine.

Ce n'est cependant qu'à la Renaissance que cette neige devient une gourmandise sucrée avec l'invention des blancs à la neige.

En 2014 a été inventé le blanc en neige végétal, lorsque le français Joël Roessel, dans son blog « Révolution végétale » remplace le blanc d'œuf par du jus de pois chiche. Le mot « aquafaba » (eau des fèves) a été inventé l'année suivante pour désigner ce liquide. Il est aujourd'hui très utilisé dans la cuisine végétarienne.

C'est en 1795 que Nicolas Appert met au point une méthode de conservation des aliments : l'appertisation.

Cette technique consiste à faire subir un traitement thermique suffisamment intense à un aliment périssable pour qu'il en assure sa stabilité à long terme, même à température ambiante. Le procédé implique l'utilisation de récipients étanches (d'abord les boîtes métalliques en fer-blanc, puis en métal, des bocaux en verre…).

La première usine de conserves au monde a d'ailleurs été créé par Nicolas Appert en 1795 en France, à Ivry-sur-Seine. L'utilisation de ce qu'on appelle aujourd'hui les « conserves » s'est développée et généralisée après la Seconde Guerre mondiale.

La vitamine C, aussi appelée acide ascorbique, est présente dans de nombreux produits alimentaires. Il s'agit d'un antioxydant naturel largement utilisé par l'industrie alimentaire comme conservateur.

Puisque la vitamine C n'est quasiment pas stockée dans l'organisme, un apport alimentaire quotidien est nécessaire. Les principaux aliments sources de vitamine C sont les fruits et légumes crus (la vitamine C étant particulièrement thermosensible), en particulier les kiwis, les agrumes, les poivrons rouges, les brocolis, les épinards et les choux.

Les fumeurs ont un besoin accru en vitamine C car celle-ci est dans ce cas utilisée pour neutraliser certaines substances chimiques produites lors de la combustion du tabac.

Dans la Grèce antique, on commence à faire le lien entre santé et alimentation. Selon Hippocrate, fondateur de la médecine moderne, le corps humain dispose d'une capacité innée d'auto-guérison et la nutrition permet de maintenir la bonne santé. « Que ta nourriture soit ta médecine, et ta médecine, ta nourriture » proclamait-il 400 ans avant Jésus-Christ. Aujourd'hui, de nombreuses études confirment que l'alimentation compte pour au moins 80% de notre santé.

Hu Zheng Qi Huei, un diététicien impérial mongol, a le premier décrit les maladies liées aux carences et leur traitement par un régime alimentaire. Son livre, « Important Principles of Food and Drink », est un classique en médecine et cuisine Chinoises.

Le chewing-gum (aussi appelé gomme à mâcher ou pâte à mâcher) a été créé par John Bacon Curtis aux États-Unis en 1848, et popularisé en Europe par les américains à la fin de la Première guerre mondiale.

On mâchait déjà toutes sortes de gommes et pâtes dès la Préhistoire : de la sève de conifères, des pâtes à mâcher à base de sève de bouleau, ou encore de la sève de sapotillier. Les Asiatiques mâchaient le bétel, les Amérindiens des Andes chiquaient les noix du kolatier et ceux d'Amazonie des boulettes de tabac.

De nos jours, 374 milliards de chewing-gums sont consommés dans le monde chaque année ; les américains en sont les plus gros consommateurs suivis par les français. Il est interdit à Singapour depuis 1992.

Le végétarisme occidental exclut la consommation de viandes, de poissons et de crustacés (toute chair animale), mais permet de manger œufs et produits laitiers. Le végétarisme indien (qui a vu naître le concept même de végétarisme via la religion) autorise quant à lui la consommation de produits laitiers, mais exclut les œufs et les champignons.

Le lacto-végétarisme exclut tous les produits animaux sauf les produits laitiers, l'ovo-végétarisme exclut tous les produits animaux sauf les œufs, le pesco-végétarisme exclut tous les produits animaux sauf le poisson.

Tous les produits « utilisant » les animaux sont exclus du véganisme : miel, gélatine alimentaire, bouillon de viande, beurre, cuir…

La PAC (politique agricole commune), créée par le traité de Rome en 1957, est entrée en vigueur en 1962 avec pour mission d'assurer l'autosuffisance alimentaire de l'Union Européenne. Elle est aujourd'hui basée sur deux piliers :

- Soutenir le marché, les prix et les revenus agricoles : il s'agit d'aides versées directement aux agriculteurs, essentiellement en fonction des surfaces agricoles.

- Favoriser les pratiques qui préservent l'environnement : aides au verdissement ou le maintien de l'activité en zones rurales.

La France, l'Allemagne et l'Espagne sont à la fois les principaux contributeurs et bénéficiaires de la PAC.

S'il est assez évident que les champignons de Paris ne sont pas cultivés dans la capitale, on pourrait penser qu'ils viennent au moins de France. En réalité, la plupart des champignons de Paris en conserve proviennent de Chine. C'est aussi le cas des concentrés de tomates, des asperges et des poires en conserve, de l'ail, des jus de pomme, des haricots verts surgelés, des choux-fleurs, des cèpes et des morilles.

En parallèle, la Chine achète de nombreuses terres : le pays possède plus de 10 millions d'hectares de terres agricoles à l'étranger, notamment en Australie, en Asie du sud-est et en Afrique. Ce qui est produit en dehors de ses frontières est vendu en Chine : les chinois qui le peuvent préférant ne pas acheter des produits fabriqués en Chine.

C'est un cuisinier nommé Marie-Antoine (Antonin de son surnom) Carême qui, en 1821, a inventé la toque. D'autres formes de couvre-chefs existaient déjà à l'époque, mais ils étaient dépareillés et, selon lui, faisaient désordre en cuisine. Il choisit le blanc comme couleur (signe de propreté dans la cuisine), et imposa des hauteurs de toques différentes selon le grade, le Chef cuisinier portant le chapeau le plus haut.

Carême a ouvert sa propre pâtisserie à 18 ans tout en poursuivant sa formation auprès des plus grands cuisiniers, a publié de nombreux livres devenus des best-sellers et fut le premier chef à se faire appeler "chef". Une belle revanche sur la vie quand on sait qu'il est issu d'une famille extrêmement pauvre dans une fratrie de 14 enfants.

Les algues marines comestibles (aussi appelées « légumes de la mer ») sont classées en fonction de leur couleur : vertes, brunes et rouges.

Si certaines algues ont une teneur en protéines atteignant 50%, la digestibilité de ces dernières est relativement faible. Elles sont en revanche riches en minéraux, vitamines et fibres.

En Occident, les algues sont peu consommées comme aliment par manque d'habitudes, mais elles le sont depuis toujours dans certains pays asiatiques tels que le Japon, la Corée, ou la Chine. L'algue la plus consommée au monde est le wakamé, également appelée fougère de mer. La plus connue est sans doute l'algue Nori, utilisée pour faire les sushi.

La première cantine scolaire ouvre en France en 1844, peu de temps après les lois rendant l'école obligatoire. C'est Émile Depasse, le maire de Lannion, qui a pris cette mesure afin de lutter contre la pauvreté dans sa commune. Cette initiative a ensuite été copiée un peu partout dans le pays, toujours soutenues par les mairies. C'est bien des années plus tard, en 1936, que la construction ou l'aménagement d'un réfectoire dans chaque école devient obligatoire en France.

La Corée est l'un des pays où les enfants mangent le plus équilibré à la cantine ; par ailleurs leurs repas sont gratuits. A l'autre extrémité, les enfants américains y mangent souvent trop gras, sucré et salé et n'ont que 30 minutes pour manger et se détendre.

Si le terme « cacao » renvoi à la plante ou à ses fèves avant transformation, le « chocolat » (qui vient du mot Aztèque « xocoatl ») désigne tout produit fabriqué à partir des fèves.

Le chocolat a été découvert au Mexique en 1527 par Cortés, mais il faut attendre 1610 pour qu'il arrive en Europe. Aujourd'hui, l'Afrique de l'Ouest produit les deux tiers du cacao mondial, la Côte d'Ivoire en tête.

Le cacao est riche en magnésium (300mg pour 100g), mais attention au sucre et gras ajoutés au chocolat : 25g de chocolat noir contient 1,5 morceaux de sucre, 25g de chocolat au lait (ou blanc) en contient 3.

Les français mangent environ une tablette de chocolat par semaine, surtout au lait.

L'huile est un corps gras fluide à température ambiante. Elle peut être issue de fruits (olive, noix, noisette, amande, coprah / noix de coco), de graines (colza, arachide, soja, tournesol), de germe (blé, maïs) ou de pépins (raisins, courge).

Si elles contiennent toutes 99,9% de lipides, elles sont différentes nutritionnellement :

- Les huiles contenant le plus d'acides gras saturées (à éviter) sont les huiles de coprah et de palme.
- Les huiles polyinsaturées peuvent être riches en omégas 3 (huiles de lin, noix, colza, soja) ou 6 (tournesol, soja, sésame).
- Les huiles ayant les teneurs les plus fortes de graisses mono-insaturés sont les huiles d'olive et d'arachide.

Plusieurs milliers d'espèces végétales différentes ont été utilisées dans l'histoire de l'alimentation humaine ; de nos jours, on n'en cultive plus que 150. 75% des besoins d'énergie humains proviennent aujourd'hui de seulement 9 plantes (blé, riz, maïs, orge, sorgho, pomme de terre, patate douce, canne à sucre, soja), 60% de 3 (riz, maïs, blé). 75% de la diversité génétique des plantes cultivées ont été perdus en un siècle : certaines détruites par les pollutions, les maladies, le réchauffement climatique ; d'autres abandonnées au profit d'une agriculture standardisée.

Le phénomène existe aussi dans le règne animal. En Europe, la moitié des races se sont éteintes depuis le début du siècle, et un tiers des 770 restantes sont en danger.

Le Guide Michelin, aussi nommé Guide rouge, a été créé en 1900 par André Michelin et son frère Édouard, propriétaires de la société des pneumatiques Michelin. Il s'agissait alors d'un guide publicitaire offert avec l'achat de pneumatiques.

Le guide comporte alors des publicités et annonces d'hôtels et de mécaniciens ; la suppression des publicités est solennellement annoncée en 1908. Quelques années plus tard, en 1920, le Guide Michelin devient payant.

Dans le but de distinguer les meilleurs restaurants, la 1ère étoile est créée en 1926 ; puis apparaissent en 1930 les 2ème et 3ème étoiles.

Depuis quelques années, le guide note aussi des lieux vendant de la nourriture de rue!

En boucherie, on distingue 3 catégories selon les parties de l'animal. A chacune correspond le type de cuisson adéquat.

- Parties postérieures (cuisses) et dos (lombaires) : cuissons rapides type grillades, sautés et rôtis.
- Parties antérieures (épaules) et régions costales : cuissons plus longues type poêlées, braisées et sautées.
- Collier, muscles abdominaux, poitrine, extérieur des membres : cuissons à l'eau très longues type pochées et en sauce.

Plus de la moitié de la viande de bœuf mondiale est néanmoins aujourd'hui vendue sous forme de steak haché, ce dernier n'ayant été créé qu'en 1940 !

Le sucre glace est devenu incontournable en cuisine (principalement en pâtisserie) à partir du XVIIIème siècle. Pour sa capacité à dissoudre dans l'eau, on l'utilise également pour préparer des boissons froides.

Il est obtenu par broyage et tamisage du sucre cristallisé jusqu'à ce que les cristaux de sucre aient une taille inférieure à 0,15 millimètres, et forment donc une poudre très fine impalpable. On y ajoute ensuite des matières amylacées pour éviter que ne se forment des agglomérats à cause de l'humidité.

Les matières amylacées sont des produits contenant de l'amidon. Elles ne sont pas négligeables puisqu'elles représentent environ 2 à 3% du produit final : attention donc en cas d'intolérance au gluten.

C'est grâce à Antoine Parmentier, pharmacien et agronome convaincu des propriétés nutritives de la pomme de terre, que celle-ci est entrée dans l'alimentation en France. Elle a par ailleurs permis d'éviter des famines lorsque les récoltes céréalières étaient mauvaises.

Si on consomme parfois la pomme de terre en hachis Parmentier, la frite est bien plus populaire. La Belgique est le plus gros consommateur de frites au monde avec une moyenne de 16kg par famille et par an. Le pays, qui recense environ 5000 frituristes (baraques à frites), est le premier exportateur de frites au monde.

L'appellation « French fries » viendrait des Irlandais : en vieil irlandais, l'adjectif « French » signifiait « coupé en morceaux ».

On estime qu'aujourd'hui que plus de 25 millions de chiens sont mangés chaque année dans le monde. Les principaux pays consommateurs sont la Chine, la Corée du Sud et l'Indonésie. Cette pratique, appelée cynophagie, est officiellement interdite en France.

La consommation par habitant de viande de lapin quant à elle est la plus forte en Europe de l'Ouest avec 1,7kg de viande de lapin par habitant et par an.

L'hippophagie est la consommation de viande de cheval. Si elle est tabou en France et dans les pays anglo-saxons, la Russie, le Kirghizstan, le Kazakhstan, la Chine, le Japon, le Mexique et l'Italie en mangent traditionnellement.

Napoléon détestait perdre du temps à table et n'y passait pas plus de 15 minutes. Pourtant de nos jours, les français sont les champions du temps passé à table : en moyenne 2h13 par jour. C'est légèrement plus que les espagnols, grecs, italiens et danois (environ 2h), qui complètent le top-5. A l'autre extrémité se trouvent les américains et les canadiens, qui y consacrent deux fois moins de temps (1h02). Les chinois (1h36), les australiens (1h31), les indiens (1h19) et les anglais (1h18) sont entre les deux.

Alors que la pause déjeuner des français était de 1h30 il y a 20 ans, elle est de 50 minutes aujourd'hui. C'est un peu plus de 45 minutes chez les italiens alors que les anglais, américains et néerlandais y passent entre 10 et 30 minutes seulement.

Le café instantané, aussi appelé café soluble ou café en poudre, a été inventé en 1890 par le néo-zélandais David Strange.

La technique utilisée pour le fabriquer s'appelle la lyophilisation ou l'atomisation. Elle consiste à diminuer la teneur en eau, ce qui empêche les micro-organismes de se développer, et donc augmente la durée de vie du produit. En revanche, non seulement cette technique détruit les vitamines non résistantes à la chaleur, mais elle augmente l'index glycémique de l'aliment et altère ses qualités organoleptiques.

Outre le café soluble, ce processus est utilisé pour de nombreux produits : soupes déshydratées, laits infantiles, herbes aromatiques, champignons déshydratés, bouillons en cubes, céréales…

L'entomoculture se définit comme l'élevage d'insectes à diverses fins : consommation, étude scientifique, récolte de soie ou de miel ou encore la lutte contre les ravageurs de culture. Il existe 2 000 espèces d'insectes comestibles telles que sauterelles, chenilles, coléoptères, abeilles, fourmis, guêpes, criquets ou encore grillons.

Si l'occident est aujourd'hui majoritairement réfractaire à l'idée d'en manger, certains pays d'Afrique, d'Asie et d'Amérique Centrale en consomment depuis toujours. La Thaïlande est à la fois le premier producteur et consommateur mondial d'insectes.

Excellente source de protéines, ils contiennent les 9 acides aimnés essentiels et leur production est plus écologique que celle des viandes et du poisson.

L'histoire de l'alimentation a commencé à partir du moment où les hominidés sont apparus. La position debout a libéré les membres supérieurs et leur a permis d'utiliser leurs mains pour diverses activités, dont celle de se nourrir.

L'homo sapiens, communément appelé « Homme moderne » et apparu il y a environ 200 000 ans, est une espèce de primates appartenant à la famille des hominidés. Il avait besoin de manger l'équivalent de 3 000 Calories par jour et était un chasseur-cueilleur : il se nourrissait de fruits et de baies sauvages, il pêchait du poisson et chassait du gibier. Les végétaux représentaient plus des deux tiers de son alimentation.

L'index glycémique (IG) décrit la vitesse d'absorption du sucre par l'organisme. Plus celle-ci est lente, plus la diffusion dans l'organisme est progressive, ce qui permet d'avoir suffisamment d'énergie jusqu'au repas suivant sans avoir faim. Les aliments à IG élevés provoquent des pics glycémiques – qui entrainent coups de pompes et faim.

L'IG d'un aliment est influencé par plusieurs facteurs : processus de transformation, type d'amidon, teneur en fibres, maturité du fruit, teneur en lipides et en acides, degré de mastication. Pour simplifier, les aliments sont classés en 3 catégories : IG bas (par exemple l'IG de la plupart des légumes verts est proche de 15), IG modéré (comme le miel à 60), et IG élevé (farine de blé blanche à 85).

Le premier produit phytosanitaire a été créé dans les années 1890 pour traiter les feuilles de vigne contre le mildiou : il s'agit de la célèbre bouillie bordelaise, mélange de sulfate de cuivre et de chaux.

Le perfectionnement des gaz de combat lors des deux guerres mondiales ainsi que le développement de la chimie organique à partir des années 1930 ont permis l'apparition d'un grand nombre de pesticides de synthèse. Par exemple l'agent orange, défoliant largement utilisé par l'armée des États-Unis lors de la guerre du Vietnam dans les années 1960, ou le glyphosate Roundup créé en 1975. Ces deux produits ont été inventés par Monsanto, entreprise rachetée en 2018 par la société pharmaceutique et agrochimique allemande Bayer.

La pasteurisation, la stérilisation et l'appertisation sont des techniques de conservation qui ne sont pas sans conséquences sur les aspects santé et organoleptique des produits concernés.

La pasteurisation conserve en grande partie les qualités organoleptiques du produit, mais fait perdre une grande partie des vitamines thermosensibles (notamment la vitamine C).

La stérilisation et l'appertisation détruisent tous les germes et toxines des produits, et modifient grandement leurs valeurs nutritionnelles : vitamines thermosensibles détruites, protéines dénaturées, fibres ramollies, substances hydrosolubles ou liposolubles (selon le type de liquide de couverture) amoindrit. Par ailleurs, couleur, texture et goût s'en trouvent modifiés.

A l'échelle mondiale, plus de 2 milliards d'adultes sont en surpoids (30% de la population) et 650 millions sont obèses. Chaque année, au moins 3 millions de personnes décèdent des conséquences du surpoids ou de l'obésité.

La prévalence de l'obésité a triplé ces 30 dernières années. Des chercheurs ont estimé que si les habitudes alimentaires ne changeaient pas, 22% de la population mondiale sera obèse en 2045 (contre 14% en 2017).

En France, 1 adulte sur 7 (14%) est aujourd'hui obèse et 50% des adultes sont en surpoids. Le taux d'obésité a déjà atteint 39% aux États-Unis, et augmentera jusqu'à 55% si les habitudes alimentaires des américains ne changent pas.

Contrairement à ce que l'on pourrait penser, le cursus pour devenir médecin ne forme pas en nutrition. Les spécialités de médecine sont l'endocrinologie, la cardiologie, la gastroentérologie, l'ophtalmologie, la pneumologie, la pédiatrie, la psychiatrie, la rhumatologie, la gériatrie... mais la diététique n'en fait pas partie. Hippocrate serait fou d'entendre ça !

Ainsi, de nos jours, les principes de la médecine moderne se résument très souvent à un médicament pour chaque maladie. En France, la consommation totale de médicaments est d'environ 38 milliards d'euros, soit trois fois plus qu'en 1990. C'est d'ailleurs le 5ème plus gros consommateur de médicaments au monde, le trio de tête étant les États-Unis, la Suisse et le Canada.

Les glucides, protéines et lipides fournissent l'énergie (mesurée en calories) dont notre organisme a besoin. La quantité d'énergie apportée diffère selon les nutriments puisque 1g de protéines ou de glucides apporte 4kcal (4 calories) et 1g de lipides en donne 9. Quant à l'alcool, 1g apporte 7 calories. Ces nutriments diffèrent également par la vitesse à laquelle l'énergie est libérée : par exemple, les glucides la libèrent plus rapidement que les lipides.

Ces nutriments sont digérés dans le tube digestif (de la bouche à l'intestin), où ils sont dégradés en :

- Sucres pour les glucides.
- Acides aminés pour les protéines.
- Acides gras et glycérol pour les lipides.

Dans les années 1950, une épicerie propose à Paris une nouveauté venue des États-Unis : le libre-service. L'épicier est toujours en blouse blanche et conseille, mais l'acheteur peut choisir ses produits. Les prix pratiqués sont alors similaires.

En Bretagne, Édouard Leclerc décide de vendre des produits au prix de gros, en raccourcissant le circuit de distribution. En 1959, une loi lève la limitation de prix minimum et autorise donc leur baisse, dans le but de limiter l'inflation.

En France, le premier hypermarché apparait en 1963 : Carrefour, en Essonne. Associant libre-service, très grande surface de vente et prix bas (sur les aliments et l'essence), les petits commerçants ne peuvent rivaliser et commencent à fermer progressivement.

En France, on mange environ 150mL de glaces par personne et par semaine. Que contient une glace ? On différencie :

- Les glaces : obtenues par congélation d'un mélange d'eau, de lait, de sucre et d'arômes et/ou de fruits.
- Les crèmes glacées : obtenues par congélation d'un mélange de lait pasteurisé, de crème ou de beurre, de sucre et d'arômes.
- Les sorbets : obtenus par congélation d'un mélange d'eau, de sucre et de fruits (au moins 35% de fruits par rapport au produit fini).

Dans tous les cas, le sucre est souvent remplacé par du sirop de glucose dans les produits industriels du supermarché.

En Autriche, 23% des surfaces agricoles sont biologiques. Ce chiffre n'est que de 6% en France, mais il augmente (3,5% en 2012). Son principe repose sur la non-utilisation d'OGM, ni de produit chimique et de synthèse (herbicides, conservateurs) ; les agriculteurs utilisent fumier et compost.

L'agriculture raisonnée quant à elle a pour objectif d'optimiser les résultats économiques en utilisant le moins possible de polluants. Sont néanmoins utilisés des sélections génétiques de plantes, des engrais et des minéraux artificiels.

L'agriculture conventionnelle (dite intensive ou productiviste) utilise massivement des produits phytosanitaires et des machines. Elle est subventionnée par l'Union européenne.

Dans les années 1990, le scandale de la vache folle fait prendre conscience aux consommateurs que la production intensive n'est pas sans danger. Depuis pourtant, les scandales alimentaires se répètent :

- 1999 : du poulet aux dioxines.
- 2008 : de la mélamine dans le lait en poudre pour bébés en Chine.
- 2011 : les graines germées tueuses.
- 2012 : des tartelettes IKEA aux matières fécales.
- 2013 : des lasagnes pur bœuf au cheval (Spanghero / Findus).
- 2016 : du plastique dans une barre chocolatée Mars.
- 2017 : du fipronil dans les œufs.
- 2017 : du lait infantile Lactalis contaminé aux Salmonelles.

Le terme « vegan » est inventé en 1944 à Londres par Donald Watson, un professeur de menuiserie anglais. En français, on parle de véganisme ou (notamment au Québec) de végétalisme intégral.

Donald Watson a créé ce mot dans le but de distinguer les vegans des végétariens – la pratique alimentaire végétalienne comportant uniquement des aliments issus du monde végétal. Elle exclut donc tout produit issu des animaux, de leur exploitation ou testé sur eux : cuir, fourrure, laine, soie, cire d'abeille, cosmétiques et médicaments testés sur des animaux ou contenant des substances animales.

Ce régime alimentaire autrefois très minoritaire a beaucoup gagné en popularité, notamment en Europe et aux États-Unis.

Les minéraux, vitamines et oligo-éléments sont nécessaires pour être en bonne santé :

- Les minéraux (appelés aussi sels minéraux ou encore macroéléments) sont le calcium, le phosphore, le magnésium, le sodium, et le potassium. Ils sont utiles en grande quantité.
- Les oligo-éléments sont le fer, l'iode, le sélénium, le fluor, le zinc, le cuivre, la manganèse, le chrome, et le molybdène. Les doses nécessaires sont le plus souvent très petites.
- Les vitamines peuvent être hydrosolubles (solubles dans l'eau : vitamines B, C) ou liposolubles (solubles dans les graisses : vitamines A, D, E et K, provitamine A).

Les circuits courts ont toujours existé : les marchés forains au Moyen-Âge réunissaient producteurs et clients. Mais la modernisation de l'agriculture, la standardisation des produits et le développement de la grande distribution (qui a multiplié les intermédiaires) ont engendré leur déclin dans de nombreux pays. Dans un contexte de peurs alimentaires, ils connaissent un regain depuis les années 2000 en France et représentent aujourd'hui environ 8% du marché alimentaire français.

Il s'agit des AMAP (associations pour le maintien de l'agriculture paysanne), des plateformes en ligne, des magasins de producteurs. Les produits phares du local sont le miel et les légumes.

Originaire d'Amérique du Sud, la tomate est introduite en Europe au XVIème siècle. A l'origine une baie minuscule, les jardiniers européens (notamment italiens) ont sélectionné au fil des générations les variétés donnant les fruits les plus intéressants.

La tomate contient du lycopène, un puissant antioxydant de la famille des caroténoïdes dont les pigments sont naturellement rouges. Ainsi à la fin des années 1990, les grands fabricants de produits à base de tomate (dont Heinz) ont organisé une campagne de sensibilisation pour faire connaître ses propriétés. On trouve aussi du lycopène dans la pastèque, la papaye et le pamplemousse rose, et il est mieux assimilé par la cuisson et la présence de lipides.

L'ancêtre du Coca-Cola vient de France et a été créé en 1863. Il s'agit d'une préparation à base de feuilles de coca du Pérou infusée dans du vin de Bordeaux, communément appelée « vin de coca ». Son créateur, le jeune préparateur en pharmacie Angelo François Mariani, le commercialise sous le nom « vin Mariani ».

Un pharmacien américain crée en 1885 le « Pemberton's French Wine Cola », une boisson sans alcool fabriquée à base de la coca et de la noix de cola (graine du colatier). L'année d'après, il modifie légèrement la recette qu'il vend sous la dénomination « Coca-Cola ».

Ce n'est qu'en 1904 que la cocaïne a été retirée de la recette du Coca-Cola, recette toujours gardée secrète aujourd'hui.

La farine lactée, aussi appelée lait en poudre, lait artificiel ou préparation infantile, a été inventée en 1860 en Suisse par un pharmacien d'origine allemande, Henri Nestlé.

A l'époque, la malnutrition infantile était importante et il n'existait pas d'alternative au lait maternel. Aussi cette invention (un mélange de lait, de farine, de sucre et de sels minéraux) s'est rapidement répandue en suisse après son lancement en 1867, puis dans le reste de l'Europe. Dès les années 1870, cette farine lactée se vend en Égypte, en Russie, au Mexique et en Indonésie.

Dans une étude publiée en 2019, l'OMS dénonce que sur 8 000 produits alimentaires pour bébé examinés, près d'un tiers contenait du sucre ajouté ou d'autres édulcorants.

L'éthylène est un gaz produit naturellement par divers fruits, légumes et fleurs. Sa particularité est d'accéler la maturation des fruits et légumes.

Ainsi, pour faire mûrir un végétal plus rapidement chez soi, il suffit de le placer au contact d'un fruit climactérique (qui produit beaucoup de ce gaz), tels que fruit de la passion, pomme, abricot, avocat, nectarine, poire, papaye, pêche, tomate et oignon. Les végétaux trop mûrs ou pourris produisent également des niveaux élevés d'éthylène.

Certains végétaux sont en revanche sensibles à l'éthylène et mûrissent trop vite à son contact ; c'est le cas du brocoli, de la laitue, de l'asperge, de la pomme de terre, et de la carotte. Conservez-les loin de vos fruits climactériques !

Un tiers de la population mondiale risque de manquer d'eau dès 2025. Alors que seulement 8% de l'eau douce de la planète est utilisée pour les besoins domestiques, l'agriculture en consomme les trois quarts. Quelques exemples de quantité d'eau nécessaire pour la production de :

- 1kg de bœuf : 14 500 litres.
- 1kg de porc, de riz ou de fromage : environ 5 000 litres d'eau.
- 1kg de poulet : 4 000 litres d'eau.
- 1kg d'œufs : 3 300 litres d'eau.
- 1kg de pâtes : 1 700 litres d'eau.
- 1kg de soja : 900 litres d'eau.
- 1kg de pommes de terre, de blé, d'oranges ou de maïs : entre 500 et 600 litres d'eau.
- 1kg de tomates : 180 litres d'eau.

On a longtemps pensé que les produits laitiers était indispensables pour avoir des os solides, or de nombreuses études affirment le contraire.

Par ailleurs, si le calcium est bon pour les os, le lait de vache (qui contient 120mg de calcium aux 100g) est loin d'en être la plus grande source : il y a par exemple 400mg de calcium dans 100g de sardines à l'huile, 350mg dans 100g de tofu, 250mg dans 100g d'amandes, et 170mg dans 100g d'épinards.

Alors que la consommation de produits laitiers dans le monde croît de 2,5% par an (essentiellement grâce aux pays émergents), les américains en ont réduit leur consommation de 37% et les français de 23% ces 50 dernières années.

L'invention du four à micro-ondes ne date que de 1946 ! L'ingénieur Percy Spencer, qui supervise alors une usine de magnétrons pour radars, s'aperçoit que la barre chocolatée qu'il avait dans sa poche a fondu alors qu'il passait à proximité d'un magnétron en activité.

Comment cela fonctionne-t-il ? Les rayonnements de courte longueur d'onde appelé « micro-ondes » provoquent en effet l'agitation des molécules d'eau dans les aliments, ce qui dégage de la chaleur et les fait cuire.

De cette découverte a été conçu et commercialisé le premier four à micro-ondes, nommé le Radarange. Il mesure près de deux mètres, pèse plus de trois cents kilos et coûte plusieurs milliers de dollars.

Une viande artificielle, aussi appelée viande in vitro, est une viande de laboratoire produite à partir de cellules animales (et non de l'élevage traditionnel). Les cellules-souches sont plongées dans un liquide de culture contenant des acides aminés, des vitamines, du sucre, des hormones de croissance et du sérum fœtal de veau.

Le premier steak artificiel a été présenté en août 2013 par Mark Post, chercheur à l'université de Maastricht : le "Frankenburger". Depuis, de nombreux laboratoires et chercheurs y travaillent.

S'il coute encore trop cher pour être commercialisé, son coût a déjà considérablement baissé passant de 250 000€ le steak de 150g en 2013 à moins de 50€ aujourd'hui.

Outre son intérêt gastronomique, l'ail a des vertus thérapeutiques exceptionnelles ; toutefois il provoque également une haleine désagréable persistante !

C'est seulement une fois coupé que l'ail développe son arôme. La molécule responsable de l'haleine déplaisante est l'allyl methyl sulfide. Une fois que l'ail a été digéré, il se retrouve dans la circulation sanguine, puis est transporté vers les poumons pour être exhalé par l'expiration, rendant inefficace le brossage de dents.

En revanche, certains polyphénols (des antioxydants) permettent de la diminuer. On les trouve par exemple dans le persil, la menthe et les épinards, mais aussi dans le jus de citron, le thé vert et surtout la pomme (en particulier consommée crue).

Il existe deux types de diabète. Le diabète de type 1 est dû à une absence de sécrétion d'insuline par le pancréas ; il touche entre 5 et 10% des diabétiques… Le diabète de type 2 touche lui 90 à 95% des personnes atteintes de diabète ; lié à une mauvaise utilisation de l'insuline par les cellules de l'organisme, le diabète de type 2 est caractérisé par un taux chroniquement trop élevé de sucre dans le sang, et provient d'une alimentation trop sucrée.

Aux États-Unis, 75% de la nourriture contient des sucres ajoutés, plus d'un adulte américain sur trois est devenu résistant à l'insuline (c'est un sur dix à l'échelle mondiale, soit plus du double qu'il y a 30 ans), et environ 30 millions d'Américains sont atteints de diabète.

Des arômes sont présents dans de nombreux produits alimentaires pour jouer sur leur flaveur (goût et odeur). Si l'on sait qu'il existe des arômes naturels et de synthèse (artificiels), on sait moins que les arômes naturels peuvent en fait également être… de synthèse !

La règlementation appelle « arôme naturel » un arôme qui existe dans la nature. Il peut être extrait directement de l'aliment ou bien synthétisé (arôme naturel de synthèse). Par exemple, un arôme naturel de vanille peut provenir de la vanille, de la vanilline se trouvant dans la pulpe de betterave, ou bien encore être conçu à partir d'acide férulique issu de son de riz ou de pâte à papier. Seule la mention « arôme naturel de vanille » vous assurera de consommer de la vanille.

Les protéines sont constituées d'acides aminés. Notre corps a besoin de 20 types d'acides aminés pour fonctionner correctement et sait en synthétiser 11 ; les 9 autres (appelés acides aminés essentiels) doivent être apportés par l'alimentation.

Les protéines animales, le quinoa et le sarrasin contiennent ces 9 acides aminés essentiels : on parle de protéines complètes.

Toutefois, il suffit de varier les aliments pour apporter les besoins en protéines nécessaires à notre organisme. Par exemple, les céréales et légumineuses sont complémentaires : les céréales ayant comme acide aminé facteur limitant la lysine et comme acide aminé essentiel en excès la méthionine ; c'est l'inverse pour les légumineuses !

Le gluten, du latin « glu » (colle, glue, gomme), est une protéine très élastique et visqueuse dont le volume augmente considérablement à la cuisson. Plus on le replie sur lui-même, plus il durcit ; il donne ainsi du corps aux pâtes, et permet aux ingrédients de bien se lier ensemble.

Les principales céréales contenant du gluten sont le blé, le seigle, l'orge, l'épeautre et l'avoine. Celles qui n'en contiennent pas sont le sarrasin, le maïs, le quinoa, la châtaigne, le riz, le millet, la pommes de terre, et le manioc.

La maladie cœliaque est une maladie chronique de l'intestin déclenchée par la consommation de gluten. Elle se manifeste principalement par des symptômes digestifs (diarrhée, douleurs, ballonnements).

La classification des aliments en fonction des taux de glucides, lipides et protéines a commencé vers 1870.

La notion de « calorie » a quant à elle été définie par le chimiste et physicien Nicolas Clément en 1824, puis adaptée à la nourriture vers 1880. Scientifiquement parlant, 1 000 calories est la quantité de chaleur nécessaire pour élever de 1°C la température de 1kg d'eau.

Par ailleurs il ne faut pas confondre une calorie et une Calorie. 1 Calorie est équivalente à 1 kilocalorie (1 kcal comme indiqué sur les étiquettes des produits alimentaires). Calorie et calorie étant identique à l'oral, on emploi aujourd'hui le mot calorie pour parler en réalité de Calorie c'est-à-dire de kilocalorie (ou encore kcal).

Les français sont les plus gros mangeurs de fromage au monde (23kg par personne chaque année). On y produit plus de 1 000 variétés différentes, classées en 8 familles :

- Pâtes pressées cuites (comté).
- Pâtes pressées non-cuites (tomme).
- Pâtes persillées (roquefort).
- Pâtes molles à croûte lavée (livarot).
- Pâtes molles à croûte fleurie (camembert).
- Fromages de chèvre (chabichou).
- Fromages frais (petit suisse).
- Fromages fondus (mélanges de fromages et de beurre, crème, lait).

Aujourd'hui, seuls 5% des camemberts vendus sont au lait cru ; le reste est fabriqué à base de lait thermisé, stérilisé, ensemencé artificiellement.

La médecine ortho-moléculaire utilise les nutriments et substances (vitamines, enzymes, minéraux, hormones, acides aminés) naturellement connues de l'organisme pour prévenir et traiter certains troubles et maintenir la santé. Elle était pratiquée sans avoir de nom avant 1850, mais l'avancée de la chirurgie moderne a fait perdre du terrain à l'alimentation qui soigne.

Linus Pauling, prix Nobel de chimie, a inventé ce terme en 1968. Ortho-moléculaire signifie « molécule correcte » dans le sens « qui n'est pas étrangère au corps humain » ; les autres molécules (les principes actifs de la plupart des médicaments) sont vues comme biologiquement incorrectes car non naturelles pour l'homme.

En 2016, Walmart (le géant mondial des hypermarchés) a déposé un brevet visant à développer des abeilles-robots autonomes : équipés de caméra et de capteurs, ces mini-drones volants repéreraient les fleurs, prélèveraient le pollen et le transporteraient. Il s'agit d'un projet encore embryonnaire et ces robots abeilles n'existent pas encore, mais de nombreux chercheurs y travaillent.

Face à l'effondrement de la population d'abeilles (chaque année en France, près de 30% des colonies d'abeilles disparaissent à cause de l'agriculture intensive et des pesticides) et alors que 75% de la production mondiale de nourriture dépend d'elles, d'autres projets ont vu le jour comme les RoboBees (Université de Harvard, États-Unis) ou les robots polinisateurs japonais.

C'est sous Napoléon, dans les années 1810, qu'a été mis au point un procédé rentable de production de sucre à partir de la betterave. Elle était jusqu'alors seulement utilisée pour nourrir les animaux.

Si le Brésil et l'Inde sont aujourd'hui les plus gros producteurs de sucre, la France est le 1er pays producteur de sucre provenant des betteraves à sucre. Le sucre provenant des cannes à sucre est quant à lui produit dans les DOM TOM.

Le sucre, qu'il soit issu de betteraves ou de canne, contient 99,9% de glucides simples. Les sucres blanc et roux sont équivalents nutritionnellement parlant, il y a juste davantage d'impuretés dans le sucre roux, ce qui diminue très légèrement la teneur en glucides.

Le fer, l'un des principaux composants de l'hémoglobine, est un minéral indispensable à la bonne oxygénation de nos tissus et cellules. Quand une personne manque de fer, ses tissus et muscles n'ont pas assez d'oxygène pour fonctionner correctement.

Si l'on sait tous qu'il y a du fer dans la viande de bœuf (2mg/100g) et les épinards (2,7mg/100g), d'autres aliments en contiennent davantage. Citons par exemple le cumin (66mg/100g), la spiruline (29mg/100g), le sésame (17mg/100g), le soja (16mg/100g), le cacao (13mg/100g).

Seul 5 à 25% du fer consommé est assimilé par notre organisme. Le fer non héminique (issu des végétaux et des œufs) est mieux assimilés lorsque consommé avec de la vitamine C, par exemple du jus d'agrume.

Il existe de nombreux troubles du comportement alimentaire. Parmi les plus connus, la boulimie est caractérisée des crises lors desquelles le sujet ingère excessivement de la nourriture sans pouvoir s'arrêter, puis se fait vomir. La personne anorexique quant à elle mène un combat acharné et dangereux contre toute prise de poids, entrainant une restriction alimentaire obstinée et des vomissements.

On connait moins l'orthorexie, c'est-à-dire l'obsession de manger sainement et le rejet systématique des aliments perçus comme malsains. Un autre type de trouble alimentaire est l'hyperphagie, qui consiste à manger de manière compulsive et sans faim jusqu'à ressentir de la douleur au niveau de l'estomac, mais sans vomissements.

Jusqu'à la fin du XVIIIe siècle, on conserve la nourriture par salage, fumage, vinification, fermentation, l'alcool, le vinaigre, la graisse ou bien encore par le sucre. Ces procédés traditionnels permettent une meilleure conservation des aliments grâce à l'abaissement de l'activité de l'eau, l'abaissement du pH (la plupart des bactéries ne se développent pas à un pH acide) ou encore, dans le cas de l'alcool, par un effet antiseptique.

Ces méthodes ne permettent toutefois qu'une conservation partielle et dénaturent les qualités organoleptiques initiales des produits. D'autres techniques (appertisation, stérilisation, surgélation, ionisation) ont été créées, mais aucune ne garde intactes les qualités nutritionnelles.

Le « roux », qui est aujourd'hui la base de liaison d'innombrables sauces, a été inventé en 1650 par Pierre de La Varenne, un cuisinier français. Il s'agit d'un mélange de matière grasse et de farine à quantités égales, ce qu'on appelle un « tant pour tant ». On peut utiliser beurre, beurre clarifié, graisse de volaille ou huile, le beurre étant l'ingrédient classique. Une fois le roux cuit (à feu doux), on ajoute un liquide (lait, bouillon ou fumet) dont le type et la quantité varient en fonction de l'utilisation.

Le roux blanc (également appelé velouté) est la base de la sauce blanche et de la sauce béchamel. Le roux blond est cuit plus longtemps jusqu'à une teinte blonde. Le roux brun (base des sauces brunes) jusqu'à avoir une couleur ambrée.

À l'origine, le service à la française est ce que l'on appelle aujourd'hui le buffet : les convives sont debout et se servent eux-mêmes sur une table comportant les plats. Aujourd'hui, le service à la française consiste à apporter à la table les plats commandés, puis les convives se servent : convivial, il est souvent pratiqué dans les fermes auberges.

Dans le service à l'anglaise et à la russe, le serveur apporte les plats en salle, les présente aux clients en commençant par les femmes, puis les sert. Ce type de service est utilisé de nos jours pour mettre en scène des plats comme un flambage ou la préparation d'une côte de bœuf.

Le service à l'assiette est le plus utilisé aujourd'hui : les assiettes sont préparées en cuisine et apportées aux convives.

La journée mondiale du végétarisme se déroule chaque année le 1er octobre. L'objectif est de porter l'attention sur les bénéfices du végétarisme sur la santé et l'environnent, et en particulier sur l'aspect éthique de suivre un style de vie végétarien. Cette journée a été créée en 1977.

La journée mondiale du véganisme quant à elle est célébrée chaque année le 1er novembre.

C'est en Israël, et plus exactement à Tel Aviv, que s'est tenu le plus grand festival végétalien du monde : le Vegan Fest. La première édition s'est déroulée en 2014 et a attiré plus de 10 000 visiteurs, la seconde a eu lieu en 2019.

Le plus grand évènement vegan français a eu lieu à Paris en avril 2018.

L'intoxication alimentaire est une infection ou un dérèglement du corps après l'ingestion d'aliments contaminés par une bactérie, un virus ou un parasite. Elle peut être liée à l'ingestion d'un aliment frais non lavé ou lavé avec de l'eau souillée, d'un aliment mal conservé ou dont la chaîne du froid n'a pas été respectée, ou encore d'un aliment mal ou non cuit.

Si les intoxications alimentaires sont généralement bénignes et disparaissent d'elles-mêmes, il arrive qu'elles soient dangereuses et entraînent la mort. On estime leur nombre à 600 million chaque année dans le monde, provoquant 420 000 décès, et à plus de 500 000 en France, conduisant à 15 000 hospitalisations et tuant entre 250 et 700 personnes.

L'acidité d'une grande partie des fruits rouges (groseilles, framboises, mûres...) vient des anthocyanes. Antioxydant de couleur violète, bleue ou rouge, ils se trouvent dans leur peau.

La couleur rouge de la betterave n'est pas liée aux anthocyanes mais à la bétanine, un pigment aux effets également antioxydants. On en trouve également dans les pitayas (ou fruits du dragon) à chair rouge.

Les pigments (antioxydants) étant majoritairement présents dans la peau des fruits et légumes, ces derniers ont moins de nutriments (vitamines, minéraux et fibres) lorsqu'ils sont consommés épluchés. Cela permet en revanche d'éliminer les résidus toxiques présents sur la peau (nitrate, pesticides...).

La médecine traditionnelle, parfois qualifiée de médecine « parallèle », « alternative », « douce » ou « non conventionnelle », est utilisée depuis des milliers d'années. Des millions de personnes y ont recours dans le monde aujourd'hui ; dans certains pays asiatiques et africains, 80% de la population en dépend pour les soins de santé primaires (notamment les traitements à base de plantes). Depuis 1990, elle redevient populaire dans de nombreux pays.

Il existe différents types de médecine traditionnelle comme la médecine chinoise, l'ayurvéda (originaire d'Inde), l'acupuncture, l'homéopathie, ou la naturopathie. La Classification Internationale des Maladies publiée par l'OMS en 2018 comporte un chapitre sur la médecine traditionnelle.

On peut conserver les aliments avec différentes techniques utilisant la chaleur :

- Pasteurisation : 30 minutes à 64°C (pasteurisation basse), quelques minutes à 80°C (pasteurisation haute), ou quelques secondes à 95°C (pasteurisation flash). Les produits pasteurisés doivent être conservés à température réfrigérée.
- Stérilisation : 15 minutes à 120°C (stérilisation standard), ou quelques secondes à 150°C (stérilisation Ultra Haute Température). Ces produits se conservent à température ambiante.
- Appertisation : deux traitements thermiques, d'abord au-delà de 60°C, puis à plus de 115°C. Ces produits se gardent à température ambiante.

Chimiquement parlant, la fécule et l'amidon sont des substances blanches qui désignent le même produit. Dans le langage courant, l'amidon est issu des graines de céréales (maïs, blé, riz) alors que la fécule provient de certaines tubercules, rhizomes, racines ou tiges de plantes (pomme de terre, manioc, tapioca, sagou, patate douce).

Si l'amidon (ou la fécule) est chauffé dans un liquide, la solution épaissit. C'est pourquoi on l'utilise en cuisine comme liant, afin de donner une consistance onctueuse et transformer un liquide en potage, bouillie, sauce ou crème.

Il permet également de rendre les gâteaux plus légers (absence de protéines), mais attention à ne pas remplacer toute la farine, autrement ils s'effritent.

Les additifs alimentaires sont des substances non consommées comme aliment en soi et ajoutées aux produits alimentaires pour permettre de préserver ou d'améliorer leur fraîcheur (conservation), leur goût (arômes), leur texture (épaissir, éviter que ça mousse, que ça colle), leur aspect (couleur, pour que ça brille), leurs qualités nutritionnelles (réduire les calories).

Ces additifs apparaissent souvent dans la liste d'ingrédients des emballages par la lettre E suivie de trois chiffres. Le chiffre juste après le E correspond à leur fonction (par exemple 1 pour les colorants, 2 pour les conservateurs, 6 pour les exhausteurs de goût, 7 pour les antibiotiques). Plus de 300 additifs sont aujourd'hui autorisés dans l'Union Européenne.

Un organisme génétiquement modifié (aussi dit transgénique) a un patrimoine génétique modifié par l'intervention humaine.

Les espèces végétales génétiquement modifiées les plus cultivées sont le soja et le maïs, qui occupent à eux seuls plus de 81% des surfaces cultivées d'OGM. Le riz, la papaye, l'aubergine, la pomme de terre ou la betterave font aussi régulièrement l'objet de modifications génétiques.

Les principaux producteurs sont les États-Unis (75 millions d'hectares), le Brésil (50 millions), l'Argentine (24 millions), le Canada (13 millions), et l'Inde (12 millions).

78% du soja cultivé mondialement est transgénique. Plus de 90% du soja et du maïs américains sont génétiquement modifiés.

Le processus d'oxydation du corps produit des radicaux libres, substances instables dont la production augmente en présence d'aliments transformés, d'exposition aux UV, de pollution, de fumée de cigarette, d'alcool, et de stress. Quand le corps ne peut plus éliminer ces radicaux libres efficacement, on parle de stress oxydatif, ce qui est lié à de nombreuses maladies comme les maladies cardiovasculaires et certains cancers.

Les antioxydants neutralisent ces radicaux libres. Il existe plusieurs centaines (voire milliers) de substances ayant un effet antioxydant : vitamines C et E, polyphénols, lycopène, tannins. Les meilleures sources se trouvent dans les fruits, légumes et oléagineux. Chaque antioxydant ayant un rôle différent, il faut varier son alimentation.

Les graisses des animaux sont depuis longtemps utilisées en cuisine. Le saindoux (graisse de porc) est principalement utilisée pour réaliser pâtés, rillettes, biscuiterie et produits allégés. Le suif (graisse de bœuf et de mouton) est peu utilisé aujourd'hui. La graisse de volaille (oie et canard) est utilisée dans la cuisine régionale du Sud-Ouest.

Si toutes ces graisses sont constituées à 99,5% de lipides et apportent donc environ 9kcal aux 100g, leurs profils nutritionnels diffèrent. Par exemple, les graisses de volaille apportent 30% d'acides gras saturés alors que c'est plus de 50% dans la graisse des mammifères. Les graisses saturées doivent être limitées à moins de 8% de l'apport calorique total journalier selon l'Organisation Mondiale de la Santé.

Le glutamate est un acide aminé naturellement présent dans notre corps, et dans des aliments comme les champignons, la tomate et le raisin. C'est un neurotransmetteur qui joue un rôle clé dans l'apprentissage et la mémoire.

C'est également un additif chimique (E621) très utilisé dans l'industrie agroalimentaire comme exhausteur de goût sous forme de glutamate monosodique (GMS, ou MSG en anglais). La production annuelle mondiale de glutamate est estimée à 1 500 000 tonnes.

Cette substance donne un goût umami considéré par les Japonais comme la 7ème saveur (après le sucré, le salé, l'amer, l'acide, l'astringent, et le piquant). Toutefois, il s'agit d'une substance hautement addictive qui agit comme une drogue sur le cerveau.

Une tomate produite en France au mois de mars contient 12mg de vitamine C alors qu'elle en contient 25mg lorsque produite au mois d'août. Elle a en effet besoin de chaleur, d'humidité et de lumière pour être à complète maturité, et donc être fortement concentrée en nutriments. Cette règle de bon sens vaut pour tous les végétaux.

Le forçage en serre ne permet pas aux fruits et légumes de synthétiser normalement les constituants, d'où l'intérêt de les consommer de saison.

Par ailleurs, les végétaux de saison ont plus de goût, sont moins traités et sont moins chers. Enfin, consommer les fruits et légumes de saison favorise le développement économique et durable des productions locales.

Le terme « blé » a longtemps été utilisé pour désigner l'ensemble des céréales. C'est un mot qui englobe aujourd'hui les céréales du type « Triticum ». Si 2 400 variétés de blés sont inscrites au Catalogue européen, deux types de culture du blé dominent aujourd'hui.

Le blé tendre (ou de froment) provient d'un croisement et est de loin le plus cultivé. Panifiable, il se caractérise par une forte teneur en protéines et en gluten. On utilise sa farine pour fabriquer pains, galettes, biscuits, pâtisseries, ou encore pizzas.

Le blé dur (ou blé pastifiable) est connu pour sa dureté, sa forte teneur en protéines, sa couleur jaune et ses qualités de cuisson. Représentant 4% de la production mondiale de blé, il sert notamment à fabrication de pâtes alimentaires et de couscous.

Une viande dure est souvent liée au stress de l'animal. Le stress engendre en effet la production d'hormones entraînant une hyper-contraction musculaire.

La maturation est également très importante pour avoir une viande tendre, juteuse, avec une bonne qualité organoleptique. Ce processus naturel (appelé le rassissement) se déroule en chambre froide pendant 1 à 8 semaines sur les parties entières de l'animal.

Afin d'avoir une viande plus tendre, elle doit être sortie du réfrigérateur 20 à 30 minutes avant cuisson. Cette remise en température ambiante permet d'éviter l'« agression » du choc thermique provoquée par la cuisson.

Néanmoins, une bonne viande résulte d'abord d'animaux élevés lentement, mis en pâture à l'herbe en élevage traditionnel.

La fourchette arrive en Italie à la fin du Moyen-Âge, puis se répand dans le reste de l'Europe. Elle y devient commune au XVIème siècle parce que l'on ne supporte plus de prendre de la nourriture là où d'autres ont mis les mains. C'est en Europe que la fourchette est aujourd'hui le plus utilisée.

De nos jours, 3,5 milliards de personnes se nourrissent avec leurs doigts (doigts seuls ou accompagnés d'ustensiles tels que la cuillère), principalement en Asie et en Afrique. C'est souvent la main droite qui est utilisée, la main gauche étant considérée comme impure dans de nombreuses religions et traditions.

2,1 milliards de personnes mangent avec des baguettes, principalement en Asie et en particulier en Chine.

L'Inde est (de loin) le pays comptant la part la plus importante de végétariens au sein de sa population : près de 40%. Israël et Taiwan complètent le podium (13%). En Israël, le végétarisme est lié au judaïsme, religion qui préconise de limiter sa consommation de viande. A Taiwan, le gouvernement encourage à consommer moins de viande.

Environ 10% de la population anglaise est végétarienne ; c'est 9% en Italie, en Allemagne et en Autriche, 7% aux États-Unis, 4% au Canada, et seulement 2% en France. Toutefois, les français ont réduit leur consommation de viande de 15% entre 2003 et 2015. Si la majorité des français ne semblent pas prêts à devenir végétariens, un tiers d'entre eux se déclarent flexitariens.

Le fructose est le sucre contenu dans les fruits. Il est à différencier du fructose produit industriellement, obtenu par hydrolysation de maïs, qui est lui désastreux pour la santé.

Appelé « high fructose corn syrup » en anglais, le sirop de fructose a été inventé aux États-Unis en 1970. Hormis le fait qu'il ne contient aucune fibre ni vitamine, il n'est métabolisé que par le foie et ne dépend pas de l'action de l'insuline ; il provoque donc de forts pics glycémiques ; si ces pics glycémiques sont trop fréquents, ils favorisent le stockage dans les graisses.

Il se trouve aujourd'hui dans la plupart des produits transformés : sodas, glaces, produits laitiers, bonbons, biscuits sucrés et apéritifs, céréales du petit-déjeuner, jus de fruits, barres chocolatées, pizzas, surimi…

Le chocolat est aujourd'hui consommé mondialement sous des formes très différentes... qui ont été produites industriellement il y a plus de 100 ans.

Le hollandais Van Houten invente le chocolat en poudre en 1828 (grâce à une technique de solubilisation du cacao). La première tablette de chocolat fabriquée industriellement date de 1836 (c'est d'ailleurs le premier produit fabriqué industriellement) et est sortie d'une usine à Noisiel, dans la Marne (ancêtre de Nestlé).

Dans le but de développer les ventes auprès des ouvriers aux bas salaires, Philippe Suchard lance en 1901 les chocolats du même nom en emballage individuel. La première barre chocolatée a été lancée à Chicago en 1923 par Franck Mars.

La fermentation est la transformation naturelle de glucides en acides, en gaz ou en alcools sous l'action de levures, de bactéries ou de moisissures. Cela rend les aliments plus digestes, nutritifs et délicieux.

La fermentation alcoolique est réalisée grâce à la levure de bière ou de boulanger pour faire le vin, la bière, ou encore le pain.

La fermentation lactique, ou lacto-fermentation, agit grâce aux lactobacilles. Connue pour renforcer notre flore intestinale, elle permet de fabriquer par exemple choucroute, cornichons, produits laitiers, pain au levain, ou tempeh.

Il existe aussi la fermentation acétique pour faire du vinaigre, ou encore la fermentation propionique pour réaliser les fromages à pâte pressée cuite du type emmental.

La vitamine E naturelle (que l'on trouve par exemple dans les amandes, l'huile d'olive, les graines de tournesol et les poissons gras), est de 2 à 3 fois plus active dans notre organisme et mieux assimilable que les vitamines chimiques (dites de synthèse).

Si les molécules de synthèse ont presque la même forme que les molécules naturelles, elles dévient la lumière différemment à cause de leur conformation spatiale (on dit qu'elles sont lévogyres ou dextrogyres). Cela les rend beaucoup moins assimilables par l'organisme.

Il est simple de savoir si nos produits alimentaires et compléments alimentaires contiennent des vitamines naturelles ou de synthèse : sans la mention « naturel », c'est chimique !

Le miel est le seul aliment ayant une durée de vie éternelle. Les miels sont vendus selon leur origine géographique et la fleur butinée par les abeilles. On distingue les miels poly-floraux (les abeilles ont butiné tout type de fleurs) des miels uni-floraux (acacia, lavande...).

Le miel est produit à partir du nectar des fleurs aspiré par les abeilles puis déposé dans leur ruche grâce à deux phénomènes :

- Une enzyme qui se trouve dans la salive des abeilles butineuses convertit le saccharose en glucose-fructose.
- Le battement des ailes des abeilles baisse le taux d'humidité du nectar.

Il faut environ 5L de nectar pour obtenir 1L de miel. Il contient 80% de sucres simples.

On pense parfois que l'alcool réchauffe le corps. En réalité, la sensation de chaud vient de la dilatation des vaisseaux sanguins situés à la surface de la peau, y entraînant un afflux de sang et donnant cette sensation de chaud.

Mais ce réchauffement de la surface de la peau s'effectue aux dépens de la température centrale du corps qui, elle, refroidit (elle diminue d'un demi degré pour 50g d'alcool consommé). La sensation de chaleur disparaitra dès que les vaisseaux sanguins ne seront plus dilatés.

Par ailleurs, l'alcool déshydrate en faisant uriner d'avantage par ce que l'on appelle l'effet d'osmose. C'est cette déshydratation qui provoque l'effet ”gueule de bois” après un excès.

La levure de boulanger, utilisée pour faire lever la pâte à pain, est un être vivant de la famille des champignons. Ces micro-organismes consomment les sucres de la pâte et produisent du gaz carbonique, qui forme des bulles et gonfle la préparation de l'intérieur.

La levure chimique est un autre agent levant. Elle contient un élément acide (crème tartre), un basique (bicarbonate de sodium) et un neutre (fécule de maïs ou de pomme de terre). Le mélange des matières acide et basique libère du dioxyde de carbone sous forme de gaz restant emprisonné dans la pâte. Le bicarbonate peut remplacer la levure chimique dans une pâte humide que l'on cuit. Les effets sont renforcés si la préparation contient un élément acide.

Si l'on sait que la pasteurisation a été inventée par Louis Pasteur dans les années 1860, on sait moins que cette technique était initialement conçue pour le vin ! L'objectif initial était d'éviter que celui-ci ne tourne en vinaigre, et Pasteur avait observé que l'altération du vin diminuait lorsqu'il était chauffé à une certaine température.

Toutefois, les œnologues était très réticents quant à appliquer cette technique au vin — l'empêchant d'évoluer puisque la pasteurisation élimine tous les micro-organismes, qu'ils soient utiles ou néfastes. Ainsi les œnologues et vignerons ont fait pression pour ne pas appliquer cette technique au vin et ont eu gain de cause : c'est ainsi que la pasteurisation été appliquée à la bière, puis au lait.